Gallery Books
Editor Peter Fallon
CALLING CARDS

CALLING CARDS

Edited by Peter Fallon and Aifric Mac Aodha

Poems in Irish

MÁIRTÍN COILFÉIR · PROINSIAS MAC A' BHAIRD · AIFRIC MAC AODHA
MARCUS MAC CONGHAIL · CAITRÍONA NÍ CHLÉIRCHÍN
AILBHE NÍ GHEARBHUIGH · DOIREANN NÍ GHRÍOFA
CAITLÍN NIC ÍOMHAIR · SIMON Ó FAOLÁIN · STIOFÁN Ó HIFEARNÁIN

Translations

COLETTE BRYCE · CIARAN CARSON · PETER FALLON
ALAN GILLIS · MEDBH McGUCKIAN · PAUL MULDOON
EILÉAN NÍ CHUILLEANÁIN · PETER SIRR · DAVID WHEATLEY

Gallery Books

Poetry Ireland
Éigse Éireann

Calling Cards
is first published simultaneously in paperback and
in a clothbound edition by The Gallery Press and
Poetry Ireland on 21 November 2018.
Originated at The Gallery Press.

The Gallery Press
Loughcrew
Oldcastle
County Meath
Ireland

Poetry Ireland
11 Parnell Sqaure East
Dublin 1
Ireland

www.gallerypress.com

*All rights reserved. For permission
to reprint or broadcast these poems,
write to The Gallery Press.*

Poems in Irish © The Authors 2018
Translations © The Translators 2018
This collection © The Gallery Press 2018

ISBN 978 1 91133 755 3 *paperback*
    978 1 91133 756 0 *clothbound*

A CIP catalogue record for this book
is available from the British Library.

Calling Cards receives financial assistance
from the Arts Council.

CALLING CARDS

Clár

CAITLÍN NIC ÍOMHAIR
  Doineann *leathanach* 22
  Paidir na Maidine 24
  Daidia 26
  Mol an Óige 28

STIOFÁN Ó HIFEARNÁIN
  Úlla Searbha 30
  Coill Liath 32
  Melusine 34
  An Mháthair Adhmaid agus a Mac 36

CAITRÍONA NÍ CHLÉIRCHÍN
  Tar Liom, a Ghrá 38
  Cogarnach 40
  Bean Róin 42
  Scaradh na gCompánach 44

PROINSIAS MAC A' BHAIRD
  Timire Teallaigh 46
  Bróga 48
  Míol Mór Bhreandáin 50
  Driogadh 52

AILBHE NÍ GHEARBHUIGH
  Emigrante 54

  Grasse Matinée 56
  Cuairteoir 58
  Cró 60

MARCUS MAC CONGHAIL
  An Teiripeoir 62
  Léarscáil 64
  Ráthaíocht 66
  Beirt Bhan Óga 68

Contents

Introduction page 13

COLETTE BRYCE
  This Weather *page* 23
  Morning Prayer 25
  Daddy 27
  Praise the Young 29

DAVID WHEATLEY
  Bitter Apples 31
  Greywood 33
  Melusine 35
  The Wood Mother and Her Son 37

PETER FALLON
  Come Away With Me, Darling 39
  The Talk of the Town 41
  Selkie 43
  The Parting of the Ways 45

CIARAN CARSON
  Fire Tongs 47
  Shoes 49
  Brendan's Whale 51
  Still 53

PAUL MULDOON
  Emigrant 55
ALAN GILLIS
  Grasse Matinée 57
  The Visitor 59
  Through the Eye of a Needle 61

MEDBH McGUCKIAN
  Visiting the Shrink 63
  Guidelines 65
  Lava Lamp 67
  Silk Kimonos 69

DOIREANN NÍ GHRÍOFA
  Céad Siolla Dheirdre 70
  Míreanna Mearaí 72
  An Bróiste Rúiseach 74
  Faoi Mhaighnéidín Cuisneora, tá Grianghraf de Mhamó mar Chailín Scoile 76

SIMON Ó FAOLÁIN
  Ag Cáitheadh 78
  Aimsir 80
  Grá Leithleach 82
  An tSochraid 84

AIFRIC MAC AODHA
  sliocht as Sop Préacháin 86
  sliocht as Echtrae Chondlai 88
  sliocht as It Fryske Hynder 90
  sliocht as Turas na mBolcán 92

MÁIRTÍN COILFÉIR
  Do Chara Liom 94
  Codladh 98
  sliocht as Críochfort a Dó 100
  Goileann Giorria, Gáireann Turtar 102

Biographical Notes 106
Acknowledgements 109

EILÉAN NÍ CHUILLEANÁIN
  Deirdre: Her First Syllable 71
  Jigsaw Puzzle 73
  The Russian Brooch 75
  Under a Fridge Magnet a Photograph of My
    Grandmother as a Schoolgirl 77

PETER SIRR
  Winnowing 79
  The Weather on Mars 81
  Selfish Love 83
  The Funeral 85

DAVID WHEATLEY
  from A Crow's Wisp 87
  from Conlae's Adventure 89
  from The Friesian Horse 91
  from A Tour of the Volcanoes 93

PAUL MULDOON
  For a Friend of Mine 95
  Sleep 99
  from Terminal Two 101
  Harried Hare, Tittering Turtle 103

in memory of Liam Ó Muirthile

Introduction

Calling Cards is the latest instalment in a distinguished line of Irish poetry anthologies. It includes ten Irish-language poets, a carefully selected group of poems by each of them and translations into English by some of Ireland's finest poets. In 1981 Seán Ó Tuama and Thomas Kinsella published *An Duanaire 1600-1900 (Poems of the Dispossessed)*, a bilingual anthology which set out to 'demonstrate the nature and quality of the Irish poetic tradition during the troubled centuries from the collapse of the Gaelic order to the emergence of English as the dominant vernacular of the Irish people'. Almost forty years later the Irish-language poet and scholar, Louis de Paor, launched *Leabhar Na hAthghabhála (The Book of Repossessions)*, a collection which included work by twenty-six poets from the past century. The present volume of ten contemporary poets, whose legacy cannot yet be reckoned, is no *Duanaire* or *Leabhar Na hAthghabhála* (or even a *Leabhar na Forghabhála*, a *Book of Re-Repossessions*). What it is, however, is a snapshot of where the tradition represented in those earlier compendia is today.

The poets gathered here represent the diversity of what is currently happening in Irish-language poetry. It is a sign of its present and continuing vitality that the oldest poet in this collection is twice as old as the youngest. The generational span encompassed by this book, and by the wider tradition in which it is situated, invites consideration of the changing landscape in which poets have written poetry in the Irish language. The majority of the contributors grew up in English-speaking homes, although the Irish language was a central part of their lives from early on. Caitlín Nic Íomhair is the exception, having grown up in County Down in a jurisdiction where Irish was not available to her as a school subject. Her immersion in the language occurred as part of a degree in Irish Studies in Trinity College Dublin where she was galvanized to pursue a PhD in Irish. Today, for all ten contributors, the Irish language is a vital part of their daily lives and their careers or career prospects involve Irish in one way or another.

Given our backgrounds, it might be thought that younger Irish-language poets operate in a context entirely different from that in which the previous generation worked. In fact the current wave of poets, no less than their predecessors, look to the Gaeltacht as a 'doras' through which to access a legitimate linguistic environment and ideal poetic world. The difference, then, is one of degree, but the preoccupation of earlier poets with the future of Irish was no less acute than ours is now. Máirtín Coilféir's analysis may be shared by us all:

> *Irish poetry definitely has a future — we have a decent amount of speakers and an established industry of literature. The question that keeps me up at night is whether Irish poetry will be any good in the future. To be 'good' at poetry you have to be good at the language itself, and that means having an understanding of its historical layers, its registers, its grammar and so on. That kind of rigour isn't very fashionable nowadays and there's an idea floating around the urban parts of the country that being enthusiastic is all you need. The language is another identity badge to clip onto your schoolbag and it won't be scrutinized too much. But Irish writing (I think) doesn't do very well when it's not rooted in its own natural linguistic tradition, nor do I think that it's too much to ask for it to be so. For that reason I still look to the Gaeltacht for salvation, but I don't see too many new writers coming out of it.*

Caitlín Nic Íomhair's poem 'Doineann'/'This Weather' captures the challenge and the aspiration of this poetic endeavour:

> *Fágann achan gheimhreadh*
> *a lorg ar mo fhlaithiúlacht.*
> *Sprionlaítear crann m'fhéile,*
> *ídítear solúbthacht mo ghéaga.*
>
> *Éirím seang smolchaite.*
> *Tagaim chuig do dhoras cuachta*
> *faoi leathléinn agus faoi chur*
> *i gcéill an gheimhridh.*
>
> (*page 22*)

Each winter takes its toll
on my generosity.
The branches of my giving tree
get less inclined to yield.

Sun-starved, half stooped,
I fetch up on your doorstep
with my dubious world-weariness
and all the season's airs.

(*Trans.* Colette Bryce, page 23)

The issue of languages, *ceist na dteangacha*, is necessarily confronted by these ten poets and by a volume of Irish poems with facing English translations. It is there on every page, even in the presentation of the many other themes with which these poems are preoccupied. *Calling Cards* shows its readers the range of themes being handled by Irish poets working in the twenty-first century. In this collection the motive forces are the same as those that energize poets working in any time, place, or, for that matter, language.

In Máirtín Coilféir's 'Do Chara Liom' the poet captures a particularly male streak of loneliness in flight:

Cibé cén cian a bhí ag luí orm nó mearaí uaignis,
cheannaigh mé aréir compánach oíche,
fathach d'iasc chomh mór le mangach
a dtugaim Éamonn air.

Cheal umair, cónaíonn sé i gcrúiscín blátha
ar leac an chabhantair
agus coinním cainte leis théis
mo chuid ragairne spóirt.

(*page 94*)

Such was the dark mood or stir craziness that hit me last night
I actually went out and bought a soul-companion —
a huge lump of a fish the size of a pollock.
He goes by the name of Eamonn.

*Since I don't have an aquarium, Eamonn lives in a flower-vase
on the kitchen counter
and, after sitting up late drowning my sorrows,
I engage him in a little banter.*

(Trans. Paul Muldoon, page 95)

It would take Paul Muldoon to add the word 'aquarium' to 'Eamonn', to rhyme 'banter' with 'counter'. The edgy tone of his opening is somehow reminiscent of the Irish-language Réics Carló detective series — recast by the translator in a way that matches Carló with Philip Marlowe.

While Coilféir captures male loneliness and gruff flights of fancy, Marcus Mac Conghail isn't above admitting to some old-fashioned male lust. In 'Beirt Bhan Óga' the poet looks on in envy as two girls, having shared a single bicycle, now share a kiss. (Medbh McGuckian, in her title 'Silk Kimonos', takes the English version in a surreal direction by introducing an image from Yeats's 'In Memory of Eva Gore-Booth and Con Markiewicz'.)

*Cím romham iad
ag an stáisiún Dart
ag pógadh is ag deochadh
a chéile gan tart.*

(page 68)

*There they are ahead of me
at the Dart station,
quenching their mutual thirst
with smothering kisses.*

(Trans. Medbh McGuckian, page 69)

The throwback male gaze of 'Beirt Bhan Óga' is offset by Caitríona Ní Chleirchín's 'Cogarnach', a timely tirade about female world-weariness:

*Uaireanta tuirsím
de bheith i mo bhean,*

den tóir nó den neamhaird
a dhéantar orm.

(*page 40*)

The poem is given the punch it deserves in Peter Fallon's spitfire English:

From time to time I just
get tired of being a woman,
of the cuts to the chase
I've to put up with, and then the disdain.

(*page 41*)

Typically for him, his title, 'The Talk of the Town', owes as much to the music of The Pretenders as it does to life in Loughcrew. The fact of the poem's translation by a male voice adds a perplexing gendered twist to the original.

Calling Cards gives us an opportunity to think about fatherhood as well as motherhood. In 'Timire Teallaigh'/'Fire Tongs' Proinsias Mac a' Bhaird shows his tender side, wearing the weight of the Gaeltacht with a welcome lightness:

Is tú an graoisín, a mhic,
ag éalú amach,
amach as an tearmann
a chruthaigh mé duit.

(*page 46*)

Little playboy,
mad to get out
of the box I made
to keep you safe.

(*Trans. Ciaran Carson, page 47*)

Of all the voices here, Mac a' Bhaird's natural Northern idiom is perhaps the most challenging to reproduce in English. It would have been impossible to carry his work over without Ciaran Carson's bilingual insight.

The early, fog-filled days of motherhood are the subject of a poem by Ailbhe Ní Ghearbhuigh, 'Cuairteoir'/'The Visitor'. The poem is interesting because it portrays the type of pram-trap claustrophobia which women couldn't write about as freely in the past. For the globetrotting visitor in question, 'the great ocean is a drop of water' (59) (*Braon uisce duitse an t-aigéan mór*, 58). He comes 'with head-spinning tales from near and far' (59) (*Bhí scéalta go leor agat ó chian is ó chóngar*, 58). When he goes, however, normality resumes:

Bhíos seal faoi bhraighdeanas baile
bhíos seal ar mearbhall aigne
mheasas go mbeinn ar ceal feasta.

D'imigh tú is d'fhanamarna
chothaíos í is d'aimsíomar rithim
ghlan an ceo de réir a chéile.

(*page 58*)

I spent time when my mind was fried.
I spent time under house arrest.
I thought I would roll over and die

but I stayed. You left.
Now I'm finding, once more, a rhythm
as the fog slowly lifts.

(*Trans. Alan Gillis,, page 59*)

Ní Ghearbhuigh's repeated '*seal*' combined with '*ceal*' gives the reader a very palpable sense of walls closing in and thereby accentuates the relief that attends her independence.

The contemporary and life-affirming female experience of Ní Ghearbhuigh's poem is thrown into relief by the dark mythology of Doireann Ní Ghríofa's 'Deirdre: Her First Syllable'. The effect of this poem is by no means a *béaloideas* bail out.

First person or not, the borrowed voice convinces. In this instance, Deirdre of the Sorrows (not the poet) describes the fateful night on which the druid pronounced her doom. Eiléan Ní Chuilleanáin's English version evokes the same bracing tone of the original:

> Lean raic rabhadh Chathbhaidh
> nach mbeadh i ndán dom
> ach an t-olc,
> nach dtiocfadh díomsa ach an slad.

(*page 70*)

> *Havoc followed Cathbhadh's verdict,*
> *my future nothing*
> *but trouble,*
> *nothing but ruin to come through me.*

(*Trans. Eiléan Ní Chuilleanáin, page 71*)

Literary tradition as well as the spontaneity of the living language breathe through the work of Simon Ó Faoláin. The liberty that his fluency permits him gives licence also to his translator Peter Sirr. Compare the opening of 'Aimsir' with that of the English version, 'The Weather on Mars':

> Lá dorcha gránna, bheifeá bailithe;
> caipín olla de dhíth sa chistin,
> an cat dubh ar chathaoir
> bísithe timpeall air féin.

(*page 80*)

> *A dark, spirit-slumping*
> *woolly-hat-pulled-down-even-inside*
> *kind of day. Beside me*
> *the black cat snores in his chair,*
> *folded in on himself.*

(*Trans. Peter Sirr, page 81*)

As with Ó Faoláin the spirited pace of Stiofán Ó hIfearnáin's shorter poems prevent them from growing bottom-heavy, from backing themselves into corners. In 'Coill Liath' in particular the rhythm is set:

> Ritheann gabhar as an bhfraoch dóite
> i dtreo droichid, thar sruthán salach.

(*page 32*)

> Out of the burned-off heather
> runs a goat in dirty weather . . .

(*Trans. David Wheatley, page 33*)

Ó hIfearnáin's longer poem, 'Melusine', is one of the many reasons why his first collection is much anticipated. The last verse, especially, harmonizes old and new ideas:

> Gach seans go bhfuil sí ann fós,
> ina seanbhean chríonna chaite.
> Squatter *sa chiall is leithne*
> i ngrianán seilge chlann mo mháthar.

(*page 34*)

> I'll take a bet she's resident still,
> a wise and weary old crone
> squatting in her hunting lodge,
> my mother's people's home from home.

(*Trans. David Wheatley, page 35*)

As Suella Holland's photograph of the oxidized weighing scales on the cover conveys *Calling Cards* is conscious that any venture like this is a balancing act. To select and to include is a subjective and challenging task, but those represented here will hope that this project can inspire future readers and writers. Poetry Ireland in collaboration with The Gallery Press wanted to provide the 'younger' Irish-language poets with an opportunity to declare, as one of them has put it, 'the stuff of which (we're) truly made'/'an mianach tá (ionainn) a fhógairt' (101/100). By contributing to this anthology we seek to live by Seamus Heaney's rule in attempting not to narrow our poetic scope: 'One of your functions is to say that your language and your consciousness are as wide as the world. You shouldn't censor your intelligence or the width of your sympathies.' Against that the Irish-language poet has to weigh his or her commitment to what Caitlín Nic Íomhair calls — 'glasghléas na Gaeilge', almost untranslatable but rendered by Colette Bryce as 'the green buds of Irish'.

In the tension of the scales is a latent potential for fresh growth:

Dúisigh, corraigh mé, a thaiscidh.
Tá sé in am earraigh.

(*page 22*)

Rouse me, bring me forth,
my love. It is time for spring.

(*Trans. Colette Bryce, page 23*)

Aifric Mac Aodha

Publishers' Note

As one of the editors of this collection, Aifric Mac Aodha maintained that her work should not appear in it. We insisted otherwise. The excerpts from her characteristic longer sequences, old and new, were chosen by Peter Fallon.

Peter Fallon/Maureen Kennelly

CAITLÍN NIC ÍOMHAIR

Doineann

Fágann achan gheimhreadh
a lorg ar mo fhlaithiúlacht.
Sprionlaítear crann m'fhéile,
ídítear solúbthacht mo ghéaga.

Éirím seang smolchaite.
Tagaim chuig do dhoras cuachta
faoi leathléinn agus faoi chur
i gcéill an gheimhridh.

Bain díom, a ghrá,
roic mo chuid Béarla ar dtús.
Tochail meirg mo chuid Fraincise
le barr d'ingne go dtite scine

na teanga sin díom.
Fág préachta mé i nglasghléas na Gaeilge.
Dúisigh, corraigh mé, a thaiscidh.
Tá sé in am earraigh.

COLETTE BRYCE

This Weather

Each winter takes its toll
on my generosity.
The branches of my giving tree
get less inclined to yield.

Sun-starved, half stooped,
I fetch up on your doorstep
with my dubious world-weariness
and all the season's airs.

Strip from me, dear heart,
the thin veneer of English.
Pick off, with your fingernail,
flakes of rusty French.

Leave me peeled and shivering
with the green buds of Irish.
Rouse me, bring me forth,
my love. It is time for spring.

CAITLÍN NIC ÍOMHAIR

Paidir na Maidine

géillim don dóchas
gurb ann do Dhia tar éis an tsaoil
is go dtagann biseach
is go dtiocfaidh.

géillim don dóchas
nach buan an t-ualach an t-uaigneas
is go mbéarfaidh an grá an chraobh ar an éad
sa chath aisteach síoraí seo.

géillim don dóchas
gur tháinig gaois as an fhulaingt
agus bá agus grá
is go n-osclaítear croíthe
faoi cheathaideacha gréine.

géillim don dóchas
go dtuigeann ainmhithe mo bhlas
is daoine mo theanga.

géillim don dóchas
go bhfuil focail le trust
is go sáraítear le súile iad.

COLETTE BRYCE

Morning Prayer

I submit to the hope
that there is a God after all,
and that redemption comes.

I submit to the hope
that the burden of loneliness will lift,
and love eclipse jealousy
in this endless, baffling stand-off.

I submit to the hope
that wisdom flowers out of pain,
as well as empathy, and love,
and that open hearts
after rain will experience sun.

I submit to the hope
that animals know me by my scent,
and humans, by what I say.

I submit to the hope
that words can be trusted
even when the eyes demur.

CAITLÍN NIC ÍOMHAIR

Daidia

Is creidim fós go bhféadfainn é a mhealladh ar ais chugam
ar shiúl róghar don uisce dom,
is gurb é atá do mo thionlacan síos pasáiste dorcha istoíche,
scian chosanta lena ucht.
Agus uaireanta, fiú, thabharfainn mion an leabhair,
agus a bhfuil ann de dhíomá orm faoi,
go ligeann sé osna taobh liom istoíche
ag tál trua nuair a thitim,
ag gairdeas as mo ghaisce
is ag caoineadh mo ghlaise.

Agus creidim fós,
i ndáiríre píre,
thíos faoin amhras is faoin uabhar
i gcroílár mo phutóige,
creidim,
i ngach macmhóid nach ann dó,
nach faide uaim é ná sa ghluaisteán a théann tharam
nó an cruth faoi charn nótaí le m'ais sa leabharlann
an fear seo a chum mé
is a cheap mé
is a chaill mé.

COLETTE BRYCE

Daddy

I still believe I could lure him back
if I edge too close to the water,
that it's him by my side in the dark alley,
blade at his chest, ready to defend me.
And sometimes
I'd even swear on the bible,
for all its disappointments,
that he sighs by my bed in the night,
the first to commiserate
when I trip up,
to applaud my successes,
mourning my innocence.

Yes, I believe,
deep down in my gut
beneath all pride and rational doubt,
and each polite avowal that he's gone,
that he's not much further away from me
than a passing car
or the shadow thrown
by this pile of drafts accruing
in the library,
this man who made me,
who dreamt me up
and who lost me.

CAITLÍN NIC ÍOMHAIR

Mol an Óige

Tá siad glas, róghlas, dearg-ghlas,
girseacha na ngúnaí gearra,
buachaillí na *rollies* is an chúpla *Karpackie*,
coiscín misnigh ina bpócaí tóna.

Féach mo rua mhórtasach, teann as a torthúlacht
ag meallacadh go meallacach ar *catwalk* an *arts block*
is an dúdalaí údaí thall
céadbholadh a collaíochta á cheilt go maolchluasach
ón bhuachaill sin *grunge* agus a stánadh lom drúiseach.

Siúlaim eatarthu go héadmhar is braithim orthu go héag,
ag srónaíl a sileann siad: uisce goirt is allas a mbréag
is faoi m'anáil steallaim orthu mo ghean
gan iarraidh is mo chomhairle chríonna —

déanfaidh do ghrá duine eile díot,
díolaim díomá, dúile, dóchais,
aonbhualadh buile, aonbhuile buailteach
aonchuisleach, aonfheolach, agus clástra*fuckin*fóibeach.

28

COLETTE BRYCE

Praise the Young

They are green, too green, so very green,
the girls in their short frocks,
and the boys with their rollies and 2-pack *Karpackie*,
an optimistic condom in the back pocket.

Look at that redhead, proud in her bloom,
strutting her stuff down the arts block catwalk,
and the shrinking, studious primrose over there,
hiding the buds of her shy sensuality
from the grungy lad with his too-frank stare.

I walk amongst them, laden with envy,
alert to them endlessly, breathing their air,
their odours and perfumes, the sweat of their lies,
and under my breath I pour out to them
my unwanted affection and past-it advice —

love will distort you into someone else,
a hive of disappointments, hopes, desire,
just one beat beating, one struck note,
one pulse, one flesh, claustrofuckinphobic.

STIOFÁN Ó HIFEARNÁIN

Úlla Searbha

Leanamar ar aghaidh
in ainneoin chogar na gcomharsan —
fágadh le torthaí sinn
nach slogfadh an mhuc.

Ach fuaireamar amach
go raibh a bhfeidhm féin leosan —
mharaíodar na préacháin,
lucht ite arbhair.

Maisiúcháin *macabre*
ba ea a gcoirp —
seoda cuairteora
ar fud an úlloird.

DAVID WHEATLEY

Bitter Apples

We went for it and to hell
with the neighbours' gossip —
and ended up with a harvest
not fit for pig slop.

Lucky for us then
everything has its use —
the corn was saved
when the apples killed the crows.

Their corpses made
for a grotesque display —
bright orchard jewels
for whoever passed by.

STIOFÁN Ó HIFEARNÁIN

Coill Liath

Ritheann gabhar as an bhfraoch dóite
i dtreo droichid, thar sruthán salach.

Is ionadh go rabhamar
in ann teacht thar na sléibhte.

Thréigeamar an saibhreas
is ritheamar i dtreo an donais,

ár ndóchas millte:
an gheis sáraithe.

DAVID WHEATLEY

Greywood

Out of the burned-off heather
runs a goat in dirty weather

over a stream and towards a bridge.
How we crossed that mountain ridge

I still don't know, safe no more,
bogged down rightly in the mire

and despairing of the whole to-do:
we'd broken the taboo.

STIOFÁN Ó HIFEARNÁIN

Melusine

Deirtear go bhfuil Melusine
sa tigh béal dorais.

Bhuel, ní béaldorais atá sí, dáiríre,
ach trasna na habhann is trasna an bhóthair.
Deirtear, ar aon nós,
gur thug sí rabhadh dár gCití féinig:
ise a shnámhann i measc na n-iasc,
sé mhíle ó Cape Town, anois.

Cé a chreidfeadh í, fillte
ó Chlochar na nUrsalach, um Nollaig,
ag bailiú cipíní di i gcoillte Pastorville:
go raibh bean eachtrannach feicthe aici
ag cíoradh a cuid gruaige
i gceann des na fuinneoga.

Dheineas féin iarracht teacht ar a scáil
gan trácht ar bith uirthi.
Tá an teach ina phraiseach anois.
Thit an díon isteach, bliain ar bliain,
maith an rud é, b'fhéidir.

Gach seans go bhfuil sí ann fós,
ina seanbhean chríonna chaite.
Squatter sa chiall is leithne
i ngrianán seilge chlann mo mháthar.

DAVID WHEATLEY

Melusine

I hear tell Melusine lives
in the house next door.

Or if not exactly next door,
across the river and over the road.
The story goes she warned off our Cití:
Cití who swims with the Cape Town
fishes now, six miles offshore.

Who'd credit her, back from
the Ursuline convent for Christmas
and gathering sticks in the Pastorville woods,
saying she'd seen a mystery woman framed
in the window combing her hair?

I tried to catch a glimpse but sight
nor sound of her was not to be had.
These days the house is a right shambles.
The roof caved in as the years passed
and, as outcomes go, it's not so bad.

I'll take a bet she's resident still,
a wise and weary old crone
squatting in her hunting lodge,
my mother's people's home from home.

STIOFÁN Ó HIFEARNÁIN

An Mháthair Adhmaid agus a Mac

Mhilltí arís is arís é
go ndearna sé dearmad
cérbh é féin go díreach —

créatúr a shiúladh
na sráideanna gan meas,
gan moladh ó éinne.

Chonac ar maidin
in éadaí na cille é:
an tsochraid réamhullmhaithe;

níl eadrainn ach an chónra.

DAVID WHEATLEY

The Wood Mother and Her Son

He'd be destroyed again and again
at forgetting
who he was —

a creature who wandered
the streets ignored,
starved of praise.

I saw him of a morning
got up in his Sunday best:
his funeral ready to go;

only the coffin between us.

CAITRÍONA NÍ CHLÉIRCHÍN

Tar Liom, a Ghrá

Tar liom, a ghrá, amach ar na bánta,
amach ar bhánta an earraigh.
Déanfaidh muid leaba luachra sa ghleann;
luífidh muid, seal, faoi chantain na n-éan.

Tar liom, a ghrá, amach ar na bánta
óir ní fothain dúinn, ní foscadh
ballaí an tí seo agus racht
an bhróin istigh dár bplúchadh.

Cluinim ceiliúr do cheoil i mo chluasa,
is mian liom imeacht leat,
druideanna is cuacha ag eitilt romhainn:
Cluinim scairt na machairí orainn, na cnoic.

PETER FALLON

Come Away With Me, Darling

Come away with me, darling,
out into the fields, into spring
pasture. We'll make a reed bed
in a hollow and lie there a while
under a sky loud with birds' singing.

Come away with me, darling,
out into the pasture, for there's no, no
shelter for us from the walls of this house
(there's no screen at all), and the both
of us bent beneath a downpour of sorrow.

I hear nothing but it, your birdsong,
and I long to flee with you,
with starlings and cuckoos on the wing
before us, the lowlands and highlands
insisting both that *I* be with *you*.

CAITRÍONA NÍ CHLÉIRCHÍN

Cogarnach

Uaireanta tuirsím
de bheith i mo bhean,
den tóir nó den neamhaird
a dhéantar orm.

Tuirsím
den chur i gcéill,
de rudaí de shíor
á gclúdú.

Éirím tuirseach de scátháin,
de shúile, de shrac-
fhéachaintí,
den síorlorg sa dorchadas.

Tuirsím
de chliabháin éin,
de na rúin,
den fhanacht.

Tuirseach de m'aghaidh,
de mo chuid gruaige,
de m'ingne, de mo choim
is de mo dhá chromán féin.

PETER FALLON

The Talk of the Town

From time to time I just
get tired of being a woman,
of the cuts to the chase
I've to put up with, and then the disdain.

I tire of constant
pretendings,
charades
and the concealment of things.

I grow tired of mirrors
and endless looking on,
stares and searches
when the light's gone.

I tire of clap traps
and mist nets,
of biding my time
and of secrets.

I'm tired of how my face
feels, and my fingertips,
my hair, my waist,
my very hips.

CAITRÍONA NÍ CHLÉIRCHÍN

Bean Róin

In uisce tanaí an chósta
nó i nduibhe na mara,
fanann sí ort, a iascaire —
Tá agat, bean róin,

bean a fhanann ort
is a ghlaonn chugat
is a sceitheann a cóta,
Lá Fhéile San Eoin.

PETER FALLON

Selkie

At low, low tide
or in the depths of the sea,
she's waiting for you, fisherman,
and there for you, a selkie.

A woman waiting for you
who is leading you on,
who'll shed her skin for you
on the Feast of Saint John.

CAITRÍONA NÍ CHLÉIRCHÍN

Scaradh na gCompánach

Labhraíonn Caitríona, Cuntaois Thír Eoghain

Ar bhruach na Feabhaile, tuar
a tháinig chugam i dtaibhreamh.
Glaoim chugaibh, a fheara, d'impí,
an t-imeacht seo, ní tairbheach.

Mar a scaiptear deatach,
is amhlaidh a scaipfear muidne
mar chéir i láthair na tine,
is amhlaidh a leáfar.

Insint ag caoineadh gaoithe
ar a bhfuil i ndán dúinn,
sa leabhar ag an fhiach dubh,
é sin, nó i dTúr Londan.

Mo mhac óg, mo mhuirnín Conn,
mo leanbh féin, mo laochsa,
gan é ach cúig de bhlianta faram,
is gach aon snáth le réabadh.

Fonn a bhí orm, an chéad lá riamh
éirí den turas go Ráth Maoláin:
ach chuir m'Iarla orm gabháil ar aghaidh
is ár mac a fhágáil faoi láimh an Ghaill.

PETER FALLON

The Parting of the Ways

As spoken by Catherine O'Neill (née Magennis), Countess of Tyrone

On the Foyle's riverbank a foreboding
came on me, and I fitfully sleeping.
Men, I pray and plead with you,
what's the good in this going?

Just as smoke can be scattered,
so we'll be dispersed.
Like wax by hearthside
we'll come in to our worst.

A keen wind will report
what's in store as it rages,
in London's Tower,
or through the raven's pages.

My youngest son, my darling Conn,
child and hero heaven-sent,
with me a mere span of five years:
now each and every tie's to be rent.

To abandon the trip to Rathmullan
was from the start my most ardent wish
but he, my own Earl, forced me to proceed
and abandon our son to the grip of English.

PROINSIAS MAC A' BHAIRD

Timire Teallaigh

Is tú an graoisín, a mhic,
ag éalú amach,
amach as an tearmann
a chruthaigh mé duit.

Choigil mé tine le teas
a chur le do shaol
is le solas a fhágáil
i bhfuinneog na hoíche duit.

Is cosúil le timire teallaigh thú,
i do sheasamh ar an dá chos iarainn;
dar leat féin, tá tú i do
mháistir ar an tine!

Ach a chroí, a thaiscidh bhig,
cén mhaith iad cosa iarainn
muna bhfuil lámh láidir
á stiúradh?

CIARAN CARSON

Fire Tongs

Little playboy,
mad to get out
of the box I made
to keep you safe.

I banked the fire
to bring warmth to your life
and a window of light
to the dark nights.

Little minion of the hearth,
upstanding on your iron pins,
you think yourself
the master of the fire.

But little treasure of my heart,
what use your pair of iron legs
when there's no sturdy hand
to steer them?

PROINSIAS MAC A' BHAIRD

Bróga

Siúd ag an ché
a chruinnigh cuid bróg an oileáin:

seanbhuataisí anuas ón Phlochóg
trainers ón Screig anoir,
Crocs a shiúil ón Uillinn
is bróga úrshnasta na dTuarthaí.
Bhog siad ar a gcompord
i gcuideachta a chéile
ag cur comhrá
agus béadán thart,
ag roinnt scéalta faoin aimsir,
faoin scaineagán,
faoi bhachtaí an Chaoráin Scallta.

Bhí tuigbheáil acu ar an dusta
agus ar chlábar an bhealaigh mhóir
ba mhinic iad in abar
a gcraiceann leathair clochscríobtha.
Ní raibh a dhath idir iad
agus garbhadas an bhealaigh
is gan aon fhaitíos orthu
an bealach féin a lochtú.

Níorbh amhlaidh do na cloigne
nach raibh ar a n-aird
ach bád ar na toinn
ag téaltú isteach Béal Árainn.
Ní raibh as a mbéal
ach osnaí ciúine
agus cónair an fhir óig
ag teacht i dtír.

CIARAN CARSON

Shoes

There on the pier
the shoes of the island congregated:

old shoes down from The Den,
trainers that came west from The Crag,
Crocs that walked from The Elbow,
and the lovely shoes from The Cattle Pastures,
polished that very morning.
They mingled comfortably,
full of gab and gossip,
giving off about the weather,
and the state of the shingle
and the turf-banks of The Blasted Bogs.

They knew all about the dust
and clabber of the main road.
More than once they'd been stuck in the muck
or had their nice leather scraped by stones.
Nothing between them
and the rough road,
and ever ready to find fault
with the same road.

How different for the heads,
eyes for nothing
but a boat on the waves
sidling into The Mouth of Arranmore.
From their mouths nothing
but a soft sighing
as the young man's coffin
was brought to land.

PROINSIAS MAC A' BHAIRD

Míol Mór Bhreandáin

Soitheach bheag, más cruinn mo chuimhne,
tarraingthe fríd an ghlaise ag géaga gaoithe,
ag scoilteadh tonn, ag briseadh bán
idir tír agus Inis Bó Finne.

Silín uisce sna cláraí a tharraing mo shúil
ó chaise mhara is ó chlupaideach seoil,
domhsa i mo sheacht mbliana ba rabharta ár mbáite é
is chrom mé ar thaomadh scáfar.

'Níl spút ag an ghasúr sin,' a dúirt fear an scóid
ach tharraing m'athair maidí rámha tharam
is coinnigh ina ucht mé go dtáinig muid i dtír,
droim garbh an chladaigh ina thearmann domh.

Ag cuimhniú domh siar anois ar an doirling úd
gach cloch mar bhairneach ar mhuin míl mhóir
tuigim faoiseamh an mhanaigh a chroch éadach le gaoth
is a fuair talamh tirim faoi chois ar mhuir.

Ó shin is mé ag tabhairt aghaidhe ar na toinn
tarraingím aibíd mo bhráthar gaoil tharam
mar ghéaga m'athar atá paidir an naoimh
a choinneos feasta is choíche ar an fharraige mé.

CIARAN CARSON

Brendan's Whale

A small boat as I remember it,
drawn through the grey by great limbs of wind,
slicing through waves and breaking white
between Inishbofin and the mainland.

The trickle of water on board that drew my eye
from the race of the foam and the flapping sail
seemed a mortal flood to my seven-year-old self
and I took to panic stricken baling.

'Yon boy hasn't a titter of wit,' said the mainsheet man,
but my father drew the oars of his arms around me
and kept me safe in his embrace till we came to land,
the stony ridge of the strand my sanctuary.

Thinking of it now — how like the barnacles
on a great whale's back were the pebbles of the beach! —
I know the relief of the monk who set sail into the blue
and found land underfoot where no land could be.

Ever since, when I face the waves
I draw my blood brother's habit around me,
the saint's prayer like my father's arms
which keep me safe forever when I'm on the sea.

PROINSIAS MAC A' BHAIRD

Driogadh

Tá dán fada
ag fairsingniú
ina pháirc eorna
i m'intinn le bliain.

Téim corruair,
maidineacha fómhair,
speal ar mo dhroim
lena bhaint.

Ansin feicim
an mheirg
ina luí ar an lann
is pillim abhaile.

Ach tiocfaidh an mhaidin
roimh theacht an gheimhridh
nuair a bheas
faobhar ar an speal.

Geimhreadh níos faide anonn
suífidh mé cois tine
le gloine biotáilte
de dhéanamh na heorna

a théifeas mo chroí.

CIARAN CARSON

Still

For a whole year now
I've been growing
a great barley field
of a poem in my mind.

I set out the odd time
of an autumn morning,
scythe on my shoulder,
ready to reap.

Then I see
the rust
lying on the blade
and I go back home.

But then there's that morning
before winter sets in
when the blade
gets keen.

Some other winter down the road
I'll sit by the fire with
a glass of something
barley made

to warm my heart.

AILBHE NÍ GHEARBHUIGH

Emigrante

An chéad fhómhar di
sa Domhan Úr
bhí fonn uirthi an uile ní
a ainmniú

nó an rud a bhrath
lena méar: caonach,
coirt fhliuch na gcrann,
mogall cnó capaill

a raibh an taobh istigh de
chomh bogmhín
agus maoth
léi féin . . .

nó gur sháigh a máthair
a ceann amach
fuinneog in airde
is do bhéic:

¡*Oye chica, que frío, eh?!*
¿*Dónde está tu chaqueta?*

Ní raibh uaithi anois
ach go slogfaí
sa phuiteach í
go barra a cinn.

San ithir sin
a phéacfar í,
as an gcré sin
a fháiscfí í.

Ní bhrisfidh an dúchas
trína súile go brách.

PAUL MULDOON

Emigrant

Her very first Fall
in the New World, her main aim
was to call
everything by a name,

to mark
things with her finger — the moss,
the wet tree bark,
the gloss

of a horse chestnut, the innermost
part of which had grown
as tender-moist
as her own . . .

till her mom dared
to stick her head out
of an upstairs
window and shout:

Hi, Girl, surely you're cold enough?
Did you leave home without your muff?

Now her greatest desire
was to vanish off the face
of the earth, sinking into the mire
and leaving not a trace.

She would put forth a bud
from that patch of earth,
out of that same mud
undergo a total rebirth.

Nothing she carried gene-wise
would ever break through her eyes.

AILBHE NÍ GHEARBHUIGH

Grasse Matinée

Íosfaimid oráistí ar ball,
ólfaimid caife te dubh
ach níl aon deabhadh.

Óir is mór an feall
bheith ag brostú,
íosfaimid oráistí ar ball.

Druid liom anall —
ní gá an gríosú —
ach níl aon deabhadh.

Póg mo bhéal go mall,
blais díom, a rún,
íosfaimid oráistí ar ball.

Cuimil do láimh dem chabhail,
tá dúil sa tsúil
ach níl aon deabhadh.

Fan socair, fan teann,
mo ghrá go daingean thú,
íosfaimid oráistí ar ball,
ach níl aon deabhadh.

ALAN GILLIS

Grasse Matinée

Oranges we will soon taste.
We will drink hot black coffee
but there's no need for haste,

for there is great waste
in hurrying.
Oranges we will soon taste.

We are interlaced —
we are beyond mere play —
but there's no need for haste.

Slowly kiss my face,
savour me, my love.
Oranges we will soon taste.

Stay your hand on my breast:
there is fire in the eye
but there's no need for haste.

Stay calm, stay firm,
I love you fit to burst —
oranges we will soon taste
but there's no need for haste.

AILBHE NÍ GHEARBHUIGH

Cuairteoir

Thánaís chugainn ón Domhan Toir
cóta mairnéalaigh ort is mála ar do dhroim
thánaís san earrach ón Domhan Toir.

Bhí scéalta go leor agat ó chian is ó chóngar
iad lán le hiontas is tuiscint dhomhanda
thugais chugainn iad trasna an tóchair.

Níorbh aon seabhac tú nó mac aon rí
ní raibh sparraí iarainn ar fhuinneoga an tí
bhíos romhat le seanduine i riocht chailín.

Bhís ar do shuaimhneas ag fairsingiú
matáin ar do chuid focal is iad ag bláthú,
bhí mo cheann is a raibh ann ag feo, ag cúngú.

Snaidhm ar mo theanga nach bhféadfainn scaoileadh
cuing ar m'inchinn ag cúram eile
raon mo radhairc go mór caolaithe.

Braon uisce duitse an t-aigéan mór
trasnaíonn tú teora i bhfaiteadh na súl
Breosla d'anama ar dheacair a ídiú.

Bhíos seal faoi bhraighdeanas baile
bhíos seal ar mearbhall aigne
mheasas go mbeinn ar ceal feasta.

D'imigh tú is d'fhanamarna
chothaíos í is d'aimsíomar rithim
ghlan an ceo de réir a chéile.

Thánaís chugainn ón Domhan Toir
d'fhanais tamall ag comhrá linn
go dté tú slán, a fhir an bhóthair.

ALAN GILLIS

The Visitor

You came to us, you said, from Mazandaran
wearing a thobe, a satchel on your shoulder.
You came, in spring, from Mazandaran,

your head-spinning tales from near and far
full of more wonder than I'd come upon,
that you'd carried over countless hills and rivers.

You were not a hawk, nor a kingly man.
I was before you in the guise of a girl.
Our house windows had no bolts of iron.

You were at ease, letting your words unfurl
and bloom. But, as they opened, my head
and everything in it became gnarled.

My field of vision was dark as nightshade,
the knot in my tongue like a halter
because another care weighed on me like lead.

For you, the great ocean is a drop of water:
you cross a border at the blink of an eye,
your soul's fuel is rich as myrrh.

I spent time when my mind was fried.
I spent time under house arrest.
I thought I would roll over and die

but I stayed. You left.
Now I'm finding, once more, a rhythm
as the fog slowly lifts.

You came, you said, from Mazandaran
and stayed and talked for a time. May you drift
in peace across these hills, rivers, oceans, far lands.

AILBHE NÍ GHEARBHUIGH

Cró

Chímid í ag tomhas an raghaidh sí isteach:
méid na trucaile trí fhráma an dorais,

Chonaiceamar a leithéid roimhe seo,
éiginnteacht ar an tairseach,

Ach ní gá di bheith idir dhá chomhairle,
slogfar í ar aon nós isteach i ríocht seo an teasa.

Tá scata againn anseo cheana,
súile éisc orainn is sinn ag cur allais;

Tá an caife sa phota lag agus bog
is tá dream ag faire go géar ar an gclog,

Formhór againn beag beann ar an uair
just ag maireachtaint ó néal go búir,

An t-ocras ag diúl orainn le fada, le stáir,
an smior súite as gach cnámh,

Gleo damanta na háite seo ag réabadh,
cogarnaíl is geabaireacht is scréachadh.

Tá sí fós ar an dtairseach ag faire isteach
ach níl aon dul siar aici ná aon teacht as.

ALAN GILLIS

Through the Eye of a Needle

We're measuring up if she'll get through:
the size of a truck through the door frame.

We've seen this kind of thing before,
squishing and squirming at the threshold,

but she needn't flail between here and there,
she'll be sucked into this hot realm anyhow.

There's already a smattering of us here
sweating buckets, with eyes like fish.

The coffee in the pot is bog-water weak.
Some of us watch the ticking of the clock

but most are insensible to time
betwixt and between the head-fug and howls

with hunger leeching within us like bugs,
the marrow slurped from every bone.

This damn noise is nuts — a spout and spew
of droning, babbling, squealing and screeching.

Still she bucks at the threshold.
And she can't come through, and she can't get out.

MARCUS MAC CONGHAIL

An Teiripeoir

D'iompraíos mo cheann go dochtúir na gceann
i mála plaisteach
(amach as an nósreoiteoir a thógas é)
seomra an dochtúra
seomra nach raibh seanchaite
ná nuadhaite
seomra nár thug faic le fios
is thosnaíos ag cur síos
ar mo cheann
é suite ansan ar an mbord
eadrainn.

D'aithin sí nithe, mhol, luaigh is threoraigh
is nuair a d'éiríos chun an ciarsúr
a thug sí dom
a chaitheamh isteach sa bhin
anuas ar chiarsúir eile a thit sé
is nuair a chasas le filleadh
ar mo shuíochán
bhí slabhra de bhlaoscanna
crochta ón tsíleáil
agus mise suite romham
ar aghaidh an dochtúra amach,
an cur i láthair díom.

MEDBH McGUCKIAN

Visiting the Shrink

I brought my head
to the head doctor
in a plastic bag
that I kept in the ice box.

The psychiatrist's office
was neither out of date
nor freshly decorated,
it left nothing to the imagination.

I started by analyzing
my head perched firm
on the desk between us.

She recognized some problems,
recommended solutions,
pointing out this
and dissecting that.

So when I rose to dispose
of the Kleenex she provided
it fell down among
all the other previous tears
of the day,
and when I turned to go back
to my couch or chair
a ring of skulls was hanging
from the ceiling.

My own among them
swinging between
myself and the lady doctor
as my case was dismissed.

MARCUS MAC CONGHAIL

Léarscáil

Plátaí teicteonacha —
cnámha aghaidh an déagóra
ag scoilteadh gan choinne,
ag scaoileadh go héidreorach;

A samhailchruth níl rianaithe —
tír gan réamheolas
Ach a gcríochfort le léamh
ar aghaidh an tuismitheora.

MEDBH McGUCKIAN

Guidelines

The tectonic plates
in a teenager's facial mask
can fissure and sunder,
bones swivelling without warning.

There is no foreknowledge,
no trace or mark of their likeness,
but the genetic resemblance
in a begetter's photograph.

MARCUS MAC CONGHAIL

Ráthaíocht

Cuilithe ilchruthacha
ag at is ag crapadh
ag teitheadh i bhfad uaithi féin
á stracadh as a chéile
is á fuineadh ar ais ina haon:

lampa laibhe na spéire ramhar leo
ach le gach searradh is sciuird,
alpann an bithchruth iad
go ndéantar slánchruinne
aríst de na druideanna.

MEDBH McGUCKIAN

Lava Lamp

Thick swarms eddy,
condensing and scattering,
torn apart like a concertina,
then rekneaded.

They are food for the sky,
their rushing dashes moulded and knit
into the original
starling template.

MARCUS MAC CONGHAIL

Beirt Bhan Óga

Maidin bhog,
beirt bhan óga
ar aon rothar faoi luas —
bean ar an trasnán, bean sa diallait:

bean na diallaite
ag rothlú na dtroitheán;
bean an trasnáin
is na hanlaí faoina stiúir.

Faighim féachaint gháireach ón mbeirt
is iad ag rothaíocht thar bráid uaim,
dithneas deas ag sileadh uathu.

Cím romham iad
ag an stáisiún Dart
ag pógadh is ag deochadh
a chéile gan tart.

Bailíonn bean an trasnáin léi
ar rothar a ngrá
is suímse trasna
óna cailín ar an traein
le go mbeinn cóngarach do m'éad.

MEDBH McGUCKIAN

Silk Kimonos

It's a mild autumn morning,
twin girls spin into my ken.
Perched on the same bike, one
on the handlebars, one in the saddle:

the girl in the saddle revolves
the pedals, her friend
on the crossbar has the steering
under control.

I am thrown a mocking look
from each of them as they wheel
in front of me, their urgency,
desire dripping from leaves.

There they are ahead of me
at the Dart station,
quenching their mutual thirst
with smothering kisses.

The front seat driver
nips off on their sex-mo-pede
while I insert my frame parallel
to the gazelle boarding the train,
keeping my penis envy under wraps.

DOIREANN NÍ GHRÍOFA

Céad Siolla Dheirdre

Ba chaillte an oíche í, fleá mheisciúil
ag druidim chun deiridh:
ní raibh ionamsa ach snaidhm craicinn is matáin
i mbroinn mo mháthar.
Nuair a thuirling fiach dubh ar an leac,
scaoil mé scréach scáfar asam.

Stad an slua.
Bhain lán a súl
as mo mháthair.

Lean raic rabhadh Chathbhaidh
nach mbeadh i ndán dom
ach an t-olc,
nach dtiocfadh díomsa ach an slad.

Ualach uafáis uirthi féin,
chuimil mo mháthair teannas a bodhránbhoilg.
Chnag mise, an strainséir laistigh,
go fíochmhar,
cíocrach.

EILÉAN NÍ CHUILLEANÁIN

Deirdre: Her First Syllable

That was a wasted night, a drunken celebration
inching towards its end:
I was nothing but a knot of skin and muscle
inside my mother.
When a raven landed on the flagstone
I let a fearful cry.

The crowd stood still.
They stared hard
at my mother.

Havoc followed Cathbhadh's verdict,
my future nothing
but trouble,
nothing but ruin to come through me.

Fear weighing on her too, my mother
rubbed her belly, skin tight as a bodhrán.
I was the stranger within, knocking
fiercely,
ravenously.

DOIREANN NÍ GHRÍOFA

Míreanna Mearaí

Ar feadh i bhfad
ní bhfuair mé ort ach spléachadh:
scáil a scaip
faoi chraiceann teann;
mo bholg mór,
poncaithe ag pocléimneach —
gluaiseacht glúine nó uillinn,
cos, cromán nó mirlín murláin
sa mheascán mistéireach a d'iompair mé.

Le breacadh an lae phléasc tú
ón domhan dorcha sin
is chaith mé míonna milse
ag cuimsiú píosaí do mhíreanna mearaí,
á gcur le chéile, á gcuimilt:
trácht coise i mbos mo lámh,
cuar cloiginn i mbac mo mhuiníl.

Chuir mé aithne go mall ort, a strainséirín.

EILÉAN NÍ CHUILLEANÁIN

Jigsaw Puzzle

For a long time
I only had flashes of you:
a shadow spreading
under tightened skin;
my great belly
punctuated with your jumps —
shifting of knee or elbow,
leg, hip or knucklebone
in the mystery mix I carried.

At break of day you burst
out of that dark world
and I spent honeyed months
sorting the bits of your puzzle,
assembling, stroking them:
sole of a foot in the palm of my hand,
curved crown in the hollow of my neck.

Slowly I made your acquaintance, little stranger.

DOIREANN NÍ GHRÍOFA

An Bróiste Rúiseach

do Eavan Boland

Imithe amú ag cúl vardrúis d'aintín (faoi mhuinchillí
síoda, sciortaí fada, cóta dearg athchaite, bróga athláimhe
ar shála arda) luíonn an bróiste Rúiseach a cheannaigh sí

ar chúig phunt i siopa seandachtaí. 'Ní fhéadfainn é a fhágáil
i mo dhiaidh,' dúirt sí. Tá a gile, a loinnir maolaithe le fada,
an biorán lúbtha as riocht, is mar a raibh seoidíní tráth, níl

anois ach trí pholl loma. Is dócha gur bhain méara strainséara iad,
gur díoladh iad faoina luach ar bhruach oighreata an Невá
i Санкт-Петербу́рг, ar mhaithe le greim nó pasáiste.

Tá an bróiste bodhar anois ar gach ní ach ar chuimhne sheanphort
an chéad choirp a chaith é. Luíonn sé fós ag cúl an vardrúis,
ag cuimhneamh siar ar cheol nach bhfillfidh anois go deo

na ndeor, an cuisle-cheol a bhuail brollach strainséara dó fadó.

EILÉAN NÍ CHUILLEANÁIN

The Russian Brooch

for Eavan Boland

Astray at the back of your aunt's wardrobe (under silk sleeves,
long skirts, a red cast-off coat, second-hand
high-heeled shoes) lies the Russian brooch she bought

for five pounds in a curio shop, 'I couldn't leave it
behind me,' she said. Long since its dazzle wore away,
the pin bent sideways, and where there were little gems only

three blank holes are left. No doubt a stranger's fingers took them,
they'll have been sold for half nothing on the icy banks
of the Neva in St Petersburg for food or transport.

Now the brooch is deaf to all but the memory
of an old air, the first body to wear it. It still lies
at the back of the wardrobe recalling forever lost

music, the pulse of a stranger's breast beating long ago.

DOIREANN NÍ GHRÍOFA

Faoi Mhaighnéidín Cuisneora, tá Grianghraf de Mhamó mar Chailín Scoile

agus ag cúl an reoiteora
tá gríscíní, raca agus rí uaineola,
corp agus cnámha, cosa reoite —
bladhm faoi oighear.

Deir céad-dlí Newton
go bhfanfaidh gach corp
ag gluaiseacht faoi threoluas
mura ngníomhaíonn fórsa seachtrach air.

Caillte: na crúibíní
a rinne poc-rince ar chliathán
cnoic trí sholas na gréine
ag dul faoi, dearg-bhuí.

EILÉAN NÍ CHUILLEANÁIN

*Under a Fridge Magnet a Photograph of
My Grandmother as a Schoolgirl*

and at the back of the freezer
there are chops, rack and leg of lamb,
body and bones, frozen feet —
flame under ice.

Newton's first law declares
that every speeding body
will remain in motion unless
acted on by an external force.

Lost: the little feet
that jumped and danced on
the hillside in the light
of the sun setting, red-yellow.

SIMON Ó FAOLÁIN

Ag Cáitheadh

Seo linn ag iarraidh
féidearthachtaí éigríochta an tsaoil
a scaradh ó
na cúinsí teoranta
ab áil linn.

Ar an dé deiridh
n'fheadar aoinne againn
cioca é
an cháith nó an gráinne
a scaoileadh le gaoth.

PETER SIRR

Winnowing

Here we go again,
trying to separate
life's brilliant possibilities
from the cushy numbers
we've settled for.

In the end
none of us will know
whether it was
the wheat or the chaff
that flew off in the wind.

SIMON Ó FAOLÁIN

Aimsir

Lá dorcha gránna, bheifeá bailithe;
caipín olla de dhíth sa chistin,
an cat dubh ar chathaoir
bísithe timpeall air féin.
Laistiar díom, corcán prátaí gréine
á mbeiriú dos na cearca.

Fionnachtain fé, chualas ó chianaibh,
reoite tamall im shamhlaíocht:
go mbíonn sneachta á chur ó spéartha Marsa,
go saolaítear é na mílte in airde
is go ndéantar gal dó in athuair
sara sroicheann riamh tonn talún.

Canann lóipíní thar fholús fairsing
is crochann an cat port i gcomhcheol:
ní hann dúinn ár ndán a cheistniú,
ní hann dúinn ach reo agus leá,
reo agus leá go brách na breithe,
ní chuirtear riamh an rua ina gheal.

PETER SIRR

The Weather on Mars

A dark, spirit-slumping
woolly-hat-pulled-down-even-inside
kind of day. Beside me
the black cat snores in his chair,
folded in on himself. On the hob
spuds boiling for the hens . . .

Something I heard recently
is lodged in my inner eye:
that snow falls from the skies of Mars,
pouring down from the black depths
only to vaporize
before it could touch the ground.

The snow sings in its great distances
and the cats joins in:
not ours to reason why,
our lot is to freeze and melt,
freeze and melt forever,
the red will never be white.

SIMON Ó FAOLÁIN

Grá Leithleach

Deirir, 'Tá lúb istigh agat sna héin',
théis súil a chaitheamh thar chúpla dán.

Ní déarfá san dá mbeifeá ann,
lá ag Loch na dTrí gCaol
gur bhagraíos ealta na bpilibíní.

Lingeadar mar chorp amháin os linn,
fuaim míle paca cártaí á meascadh,
bladhm brollach bán le gach caisirnín,
agus iad ag píobaireacht géarchaointe,

gan cúis bheith buíoch don mbrúdach
— pé iontas a bhí air, nó uamhan —
a bhagair iad go glan as saint na súl.

PETER SIRR

Selfish Love

You're very fond of birds, you say,
glancing at a couple of poems.

You wouldn't say that if you'd been there
that day at Castlemaine harbour
when I flushed a flock of lapwings.

They rose as one above the water,
wings shuffling like a thousand packs of cards,
white breasts blazing as they twisted,
piping their sharp cries,

and didn't thank the lout
who from wonder or terror drove them away
from the impatient greed of his eye.

SIMON Ó FAOLÁIN

An tSochraid

Bhí Peadar Óg ag féachaint ar aghaidh Pheadair Mhóir
a bhí ag féachaint amach ó scáth diamhair
a mhala creagaí ar an mbeirt scológ

seasta ag cúinne an teampaill,
ag caitheamh *Woodbines* is ag ciorrú ama
ag feitheamh le folús a líonadh.

Cuireadh ualach dubhcharraige eile lena mhala
nuair a chonaic duine díobh ag casadh chun falla
agus scairdeán múin bhuí á scaoileadh.

Crónán sagairt thart is rince mall de chroitheadh láimhe,
chas Peadar Mór ón uaigh mar chompás tarraingthe
i dtreo lanna iarainn sluaistí na beirte.

Chonaic a mhac an righneas ina dhroim dhubhchulaithe
is smaoinigh 'Anois a leadanna, chughaibh a' púca!'
Ar theacht i ngiorracht fad láimhe tharraing Peadar Mór

dorn tiargáilte iata óna phóca is scaoil dhá leathchoróin
— ceann an duine — i mbasa oscailte an aosa rómhair:
'Seo libh, a fheara, bíodh deoch agaibh.'

PETER SIRR

The Funeral

Peadar Óg was staring at Peadar Mór
who was staring out from depths
of his rockdark brows at the two bucks

loitering in a corner of the graveyard,
smoking *Woodbines*, passing the time
until they could fill the hole.

His brow darkened further when he saw
one of them head to the wall and release
a fulsome stream of yellow piss.

The priest's murmuring over, and the slow dance
of shaking hands, Peadar Mór swung like a compass needle
from the grave to the waiting spades.

His son saw the stiff blacksuited back
and thought, 'Now lads, you're in for it!'
Within the reach of a hand Peadar Mór stopped,

took his closed fist from his pocket, threw
two half crowns, one for each, into the diggers' fists:
'There you go, men, have a drink on me.'

AIFRIC MAC AODHA

sliocht as *Sop Préacháin*

STUAIM

Ba cheart bhur gcur ó aithne:
tá an tír róbheag, teanga
níos stuama a chleachtadh
nó seasamh siar ón tús.

Ach anois thar aon am eile,
níl teacht ná dul ón tosach.
Ag cóisir daoibh in íoslach tí,
thug tú úll dó in áit osclóra.

Bíonn dúil agus dúil ann.
A shonc féin, ba mheidhreach.
Bíonn diúltú agus diúltú ann —
No thanks, I've read the Bible.

IARFHOCAL

Bhí a fhios aici, an bhean sin,
nárbh ionann súil is éisteacht;
is d'admhódh de chogar claon
gur fhadaigh tost an béaldath.

Sop préacháin a deirtí
le bean a chaitheadh fear uaidh:
píosa tuí a d'ardaigh an ghaoth
nuair nár oir go beacht don éinín.

DAVID WHEATLEY

from *A Crow's Wisp*

CANT

Wipe your memory: the country's
too small, practise
holding your tongue
or stand back from the thing.

As much as ever now
there's no getting past how
she slid with aplomb
not a corkscrew but an apple into his palm.

There's come-ons and come-ons and then some.
His comeback was winsome.
There's no thanks, and no-thanks-but-frisky —
If that makes me Adam, then you must be . . .

AFTERWORD

Well she knew that holding
an eye isn't having an ear;
and beyond that she knew
how silence improves lipstick.

A woman a man drops
is called a crow's wisp:
something the wind takes
when a bird lets it slip.

AIFRIC MAC AODHA

sliocht as *Echtrae Chondlai*

LABHRAÍONN CONLAE

Domsa, níorbh éasca:
ó thosach go deireadh báid liom,
ó dheireadh go tosach,
ba chorrach ar mo dhá chois mé.

Ní cláir adhmaid a bhí fúm,
ach cláir ghloine:
ní bean a bhí faram
ach céad scáil i mo choinne.

Dar liom go raibh an t-uisce féin
á shiúl agam —
is níor le háthas é
ach le teann míshuaimhnis.

Trí aoibhneas a choill sí orm:
lúth ar thalamh,
bean gan aithne,
machaire balbh.

DAVID WHEATLEY

from *Conlae's Adventure*

CONLAE SPEAKS

It wasn't easy for me:
from stern to prow
and back again. I was
unsteady on my feet.

It wasn't a wooden board under me
but a pane of glass:
it wasn't a woman with me
but a hundred mirrors around me.

You'd think I was walking
on water —
and not with pleasure
but sheer force of nerves.

She robbed me of three delights:
a foot pressing over land,
an unknown woman,
the plain's quiet.

AIFRIC MAC AODHA

sliocht as It Fryske Hynder

PEAT-ART

(http://www.dioni.nl/)

An rud atá caite
acu siúd a d'imigh romhat,
níor ghá nach mbeadh sé daite
agat féin, ach coinneáil ort — Ní capall beo

ná dealbh phoiblí, ní pónaí seó, ná tograí mac léinn do dhoras,
ach capall móna. Tob-thaispeántas i seanteach ósta. Coda an
    chapaill sin,
an chuid is lú de — crúb, cladhain is cnupóg. Ní furasta rud
    briosc a iompar,

mír ar mhír, ó thír go tír *(wink wink, nudge nudge)*. Más
    folamh ina lár é, scoiltfear.
Tusa, ar deireadh, atá freagrach as d'earra. Ná ceap, a Dioni ten
    Busschen, nár dódh cheana muid —
sea, go deimhin, bímidne, leis, ag brath rómhór ar *Oranje
    Transport*.

DAVID WHEATLEY

from *The Friesian Horse*

PEAT-ART

(http://www.dioni.nl/)

It's not as if anything consumed
by those who've gone before
can't be yours by right,
but keep going — your door

is no live nag, public sculpture, pony, or student project,
but a turf horse. Pop-up art in an old guesthouse. Parts of the
    horse,
the smallest parts — hoof, hoof-print, blister. A brittle thing
    isn't easily carried,

piece by piece, from land to land (nudge nudge, wink wink). If
    it's hollow at heart, it'll break.
You're responsible for your own goods in the end. Don't
    think, Dioni ten Busschen, we haven't already been burned —
yes, indeed, and while we're at it let's bank all we have on
    Oranje Transport.

AIFRIC MAC AODHA

sliocht as *Turas na mBolcán*

AGUISÍN: AIBREÁN 2010

Níor eitil an t-éan i ndiaidh a rubaill,
níor thréig aon bheach coirceog,
níor shiúil an leon faoin gcathair mhór,
an chathair mhór, níor dódh.

An leithscéal a bheadh agam féin,
gur briseadh orm gan choinne,
ní mise is fearr, de réir dealraimh,
i dtaca le scaoileadh nod(a).

Ná tógtar orm é, m'óige,
nár thuigeas an teallach ón tine.
Tá in am agam tosnú as an nua,
dul ag coraíocht leis an tonn tuile.

DAVID WHEATLEY

from *A Tour of the Volcanoes*

APPENDIX: THE VOLCANO ERUPTS

The bird didn't fly tail-first
or the hive lose a single drone,
the lion didn't prowl below the city
and the city didn't burn down.

All I've got by way of excuse
is being caught on the hop,
who was never the first in line
for when the penny dropped.

But don't be so hard on my youth,
that I loved fire and not the fireplace.
Time I started over and like Cú Chulainn
went to war with the waves.

MÁIRTÍN COILFÉIR

Do Chara Liom

Cibé cén cian a bhí ag luí orm nó mearaí uaignis,
cheannaigh mé aréir compánach oíche,
fathach d'iasc chomh mór le mangach
a dtugaim Éamonn air.

Cheal umair, cónaíonn sé i gcrúiscín blátha
ar leac an chabhantair
agus coinním caint leis théis
mo chuid ragairne spóirt.

'Ith do chuid,' a deirim; 'Tóg t'aimsir,' a deirim;
'Is mór an diabhal thú, a Éamoinn!' a screadaim,
agus feicim an rógaireacht ina shúile
fhad a ghluaiseann sé tharam.

Ag am soip, iompraím isteach é is leagaim cois leapa é.
Ar mo nós-sa, coinníonn sé leathshúil leis ar oscailt
— ar eagla na heagla —
agus bíonn an bhrionglóid chéanna againn:

I Liatroim atá muid, in éindí, istoíche,
sruthán mear dubh os ár gcomhair
agus seo linn beirt ag eitilt thar bruach isteach;
Slíocann muid an dubhuisce

agus scuabtar muid leis is bailíonn muid luas,
míle muirmhíle in aghaidh an mheandair,
tá muid ag bualadh buillí ar aon uain
i dtreo na bá, na farraige, na bóchna móire

Is nuair a scinneann muid
thar eas agus thar aill amach
ar mhullach Bhinn Éadair
nó cibé cén áit é, nuair a bhíonn muid

PAUL MULDOON

For a Friend of Mine

Such was the dark mood or stir craziness that hit me last night
I actually went out and bought a soul-companion —
a huge lump of a fish the size of a pollock.
He goes by the name of Eamonn.

Since I don't have an aquarium, Eamonn lives in a flower-vase
on the kitchen counter
and, after sitting up late drowning my sorrows,
I engage him in a little banter.

'Hurry up and eat your dinner,' I say. 'Take your time,' I say.
'Aren't you the cute hoor,' I shout,
and I recognize the devilment in his eyes
as he glides about.

When we hit the hay I carry him in and lay him by my side.
Like myself, he sleeps with one eye open
in case of any, you know, *eventuality*.
We share a dream in which the same things happen:

we're in Leitrim, the pair of us, in the middle of the night,
beside a dark stream moving in a fierce lather.
We both leap off the bank.
We slip through the surface of the dark water

and are caught up in it, gaining even greater velocity —
a thousand knots per second —
thrashing around as one single being
as we head in the direction of the bay, the sea, the wider ocean.

And when it's past waterfalls
and cliffs we've zoomed
over in the environs of Howth Head, or wherever,
then from the summit

ag titim go mall mar an drúcht anuas
is ansin a thriaileann muid an rothalchleas
is na mullaigh ghróigeáin,
an tuirlingt gan cháim, go maidin.

we fall gently as dew
onto the ground
where we have recourse to turning cartwheels and faultless
somersaults till morning itself comes round.

MÁIRTÍN COILFÉIR

Codladh

Codladh na bhfíréan a dhéanann mise.
Caitear anuas an phluideog
Agus is cnapán mé, balbhán, lúbaire, corpán,
Cráin mhór ar lár.
Taobh thiar de mo dhaillicín síoda,
Ní rinceann mo chaipíní súl.

Ach, corruair, i ngan fhios — fíbín oíche —
Preabaim, prapálaim chun turais
Ar fud m'fhearainn chlúmhaigh féin:
Rothlaím deiseal, deiseal, roileagán ró,
Is mar ungadh cosanta, tálaim sreang seile
Ó cholbha go colbha an tochta.

Nuair a dhúisím, báite agam féin,
Ní dhearmadaim ar fad na mairbh sin
A luíonn faram, scaití:
Maimeo thíos fúm ina srann agus í spíonta,
Uncail liom ag úscadh uisce a bhéil féin,
Deirfiúr liom ag castáil léi de réir na gréine.

PAUL MULDOON

Sleep

It's the sleep of the just, this sleep of mine.
Once I'm under the blanket
I'm merely a stone, part mute, part smooth-talker,
a great sow that's upped and gone.
Behind my silk blindfold
my eyelids don't as much as flicker.

Every so often, though, I unwittingly rouse
and ready myself for a night-run through my realm
of goose-down and duck-feathers.
Clockwise I turn, clockwise and ring-a-rosy,
throwing off a rope of saliva, as a protective balm,
from one side of the mattress to the other.

When I do wake, drenched in sweat,
I can't ever completely shake off the dead
that lie around hither and yonder.
A grandmother with sleep apnea, completely exhausted.
An uncle himself suctioning his spit.
A sister in her own universe, the sun at its centre.

MÁIRTÍN COILFÉIR

sliocht as *Críochfort a Dó*

don fhuinseog scríobh-se is ní don scréachóg

'Dá mbéarfaidís orm,' ar sí,
'Lucht sin custaim agus dlí
ag siúl dom síos an cainéal
contráilte — Ó! Dá mba ghafa mé

le mo mhilliúin punt i nótaí beaga
cuachta istigh im' stoca fada
nó mé faoi ualach cúpla cloch
de chodlaidín mhín a shac an miúil

im' shac go glic i ngan fhios
(agus mé i ndéidh mí a thabhairt
le pobailín dúchasaigh sléibhte
ag teagasc mo chuidse Béarla) —

Cad eile, go deimhin, a dhéanfainn
ach an mianach tá ionam a fhógairt?'

PAUL MULDOON

from *Terminal Two*

write for the skylark, not the owl

'If I were to be seized anyhow,' she said, 'seized
by the Customs and Excise
while I was proceeding down the wrong lane,
if I were to be detained

on account of all those millions in small bills
with which my stockings are filled,
or carrying a couple of lumps of opium
the mule just happened to dump

surreptitiously in my rucksack
when I was on my way back
after a month's teaching such English as I've mined
to some little mountain community,

how could I hope to evade
declaring the stuff of which I'm truly made?'

MÁIRTÍN COILFÉIR

Goileann Giorria, Gáireann Turtar

Soirée réchúiseach amháin
in ómós na n-oícheanta
a chomhairim ina mílte.
Aon trian dá shaol a tugadh
dar leis, ina áiléar scríofa, ag 'riastradh'.

I bhfad roimh dheireadh na spéice
snagadh a ghlór i lár ráite, faoi thrí
gur stop sé, barr a shróine
idir méar is ordóg aige, agus é
ar ballchrith os comhair ceathracha.

D'fhair mé é go cadránta, croífhuar
is cé nár lig mé puinn orm féin
sa dara ró, ag súimíneacht fíona,
bhí mé sínte, lúbtha, céasta
ag bolg-gháire m'anama féin.

Seanbhuachaill feoite ag diúgaireacht
a chrúb bhog ina *pince nez* air
a chlann mhac faoi thocht aige
focairín glic sna trithí,
ag diúgadh a cheathrú gloine.

Ab é nach bhfaighidh mé bás? a deirim
idir mo sheanbhabhtaí sclogaíola,
gur fearr a thuigim na mionrudaí seo
ná an golspaire sin
atá fós ag stánadh ar ingne a chos?

Ní hé, ní hé, ní hé. Níl ann
ach go dtuigim go bhfuil
tríocha bliain agam ar an deamhan,
gur mise is moille sa rás seo eadrainn
agus dá mhoille is fearr.

PAUL MULDOON

Harried Hare, Tittering Turtle

It was one of those laid-back literary soirées
that were a dime a dozen
in those days. The guest of honour had devoted a good third
of his life, it seemed, to agonizing
in his godly garret.

Long before the end of his monologue
his voice had given way three times, and three times
he stopped altogether, making a show
of pinching his nose between finger and thumb
and trembling with emotion to an audience of forty or so.

I eyed him, cold-hearted, maybe even callous.
I managed not to let on,
as I stretched there in the second row, sipping a full carafe,
that I was in fact bent-double, in excruciating pain
from having to suppress a belly-laugh.

One wizened old codger
making a pince nez of his own soft claw
while his devotees were quite overwhelmed,
and one wise-ass little fucker, himself unglued,
draining his fourth glass of what then passed for d'Yquem.

'Is it that I think I'm not going to die?' I wonder,
amid my chuckles and chortles.
'Is it that I have a firmer grasp on details
than that immortal
misery-guts who's even now gazing at his toenails?'

Not exactly. No, not exactly. It's just
that I understand
I have a good thirty years on the old windbag.
It's a race in which I'm way behind,
of course, but being behind puts me at an advantage.

Guím — ar mhaithe leis féin atá mé —
go gcasfar orm ar mo shiúlóid dom lá
an fear a rugadh leath lae i mo dhiaidh,
go mbrisfidh sé a chroí le meidhir
fad a iompaíonn an lí orm, teann tuisceana.

Bainfidh sé sin cuid den mhustar díom,
admhaím. Ach ina dhiaidh sin
is spéisiúla liom, ó féadfaidh muid,
dreas éisteachta a thabhairt
don chór gáirí seo nach dtostann
agus mise i mo shoprán,
ina lár.

I hope and pray — and it's for his own sake —
that I'll encounter in my turn
a young man whose birth came a half-day after mine,
that he'll laugh uncontrollably as he watches the colour drain
from my face, that I'll see it for exactly what it means.

That'll take some of the wind out of my sails,
I admit. Even so, I'm rather engrossed
by the idea of giving, while it's still within our control,
a decent hearing to that unshakeable chorus of laughter, a chorus
with me as soprano, in a starring role.

Biographical Notes

Caitlín Nic Íomhair was born in County Down in 1987. Her poetry and critical essays have been published in *Comhar, COMHAR-Taighde, The Irish Times, The Stinging Fly, Trumpet* and *Tuairisc* and, in 2016, she was awarded first prize by North West Words Poetry Competition. Her PhD thesis focussed on themes of sex, death and religion and on the use of personae and humour in the work of Biddy Jenkinson.

Stiofán Ó hIfearnáin was born on the Tipperary-Waterford border in 1994. His work has been published in *Comhar* and *The Stinging Fly*. He's a graduate of UCD (German and History) and has just completed a Master's in NUIG.

Caitríona Ní Chléirchín was born in County Monaghan in 1978. Her first collection, *Crithloinnir*, won the Oireachtas Prize for New Writers in 2010 and her second collection, *An Bhrídeach Sí* (2014), was joint winner of the 2015 Michael Hartnett Prize. Both were published by Coiscéim. She currently works as a lecturer on Irish language and literature at St Patrick's College DCU.

Proinsias Mac a' Bhaird was born on Arranmore, Donegal, in 1973. His most recent poetry collection is *Bealach na Mine Buí* (Coiscéim, 2015). He has written two other poetry collections as well as novels, children's books, short stories, plays and songs.

Ailbhe Ní Ghearbhuigh was born in County Kerry in 1984. She has read at festivals in New York, Paris, Montreal, Berlin and Ballyferriter. In 2012 her poem 'Deireadh na Feide' won the O'Neill Poetry Prize. 'Filleadh ar an gCathair' was chosen as Ireland's EU Presidency Poem in 2013 and was shortlisted in 2015 for RTE's 'A Poem for Ireland'. Coiscéim has published two books, *Péacadh* (2008) and *Tost agus Allagar* (2016). A bilingual collection, *The Coast Road*, was published by The Gallery Press in 2016 and includes English translations by thirteen poets.

Marcus Mac Conghail was born in Dublin in 1970. His first collection, *Ceol Baile*, was published by Coiscéim in 2014 and was joint winner of the Michael Hartnett Prize in 2015.

Doireann Ní Ghríofa was born in Galway in 1981 and writes in English and Irish. Her sixth book is *Lies* (Dedalus Press, 2018), and a collaborative book with artist Alice Maher is soon to be published by The Salvage Press. Among her awards are the Rooney Prize for Irish Literature, a Seamus Heaney Fellowship, the Ireland Chair of Poetry bursary, and the Michael Hartnett Award.

Simon Ó Faoláin was born in Dublin in 1973 and raised in the West Kerry Gaeltacht. Coiscéim has published his three collections, *Anam Mhadra* (2008), *As Gaineamh* (2011) and *Fé Sholas Luaineach* (2014). Among the awards he has received are the Glen Dimplex Prize, The Strong Prize, the Walter Macken Prize, the Colm Cille Prize and the Foras na Gaeilge Prize.

Aifric Mac Aodha was born in Galway in 1979. Her first collection, *Gabháil Syrinx*, was published by An Sagart in 2010. She has taught in St Petersburg, New York and Canada and has lectured in old and modern Irish at UCD. She lives in Dublin where she works for the Irish-language publisher, An Gúm. She was the winner of the Oireachtas Prize for Poetry (2016). *Foreign News* (with translations by David Wheatley) was published by The Gallery Press in 2017.

Máirtín Coilféir was born in Navan, County Meath, in 1986. He holds a BA and PhD from Trinity College, Dublin, and has worked at NUIG and UCD. He is the editor of the academic journal *COMHARTaighde* and is preparing a 1930s Irish translation of *The Adventures of Huckleberry Finn* for publication. He is currently working as an assistant professor in the University of Toronto where he teaches the Irish language, modern Irish literature and history and aspects of the manuscript tradition.

Acknowledgements

Acknowledgements are due to the editors of the following publications where a number of the Irish poems, or versions of them, were published first:
CAITLÍN NIC ÍOMHAIR, *Comhar*;
STIOFÁN Ó HIFEARNÁIN, *Comhar, Headstuff, Poetry Ireland Review* and *The Stinging Fly;*
CAITRÍONA NÍ CHLÉIRCHÍN, Coiscéim (*Crithloinnir*, 2010 and *An Bhrídeach Sí*, 2014), gorse and *The Stinging Fly*;
PROINSIAS MAC A' BHAIRD, Coiscéim (*Faigh Greim ar an Ghrian*, 2010 and *Bealach na Mine Buí*, 2015);
AILBHE NÍ GHEARBHUIGH, Coiscéim (*Tost agus Allagar*, 2016) and The Gallery Press (*The Coast Road*, 2016);
MARCUS MAC CONGHAIL, Coiscéim (*Ceol Baile*, 2014) and *The Stinging Fly*;
DOIREANN NÍ GHRÍOFA, Coiscéim (*Dúlasair*, 2012 and *Oighear*, 2017), Dedalus Press (*Lies*, 2018), *Cyphers, Poetry Society, The Trumpet* and *Washing Windows*;
SIMON Ó FAOLÁIN, Coiscéim (*As Gaineamh*, 2011), *Irish Pages* and *The Stinging Fly*;
AIFRIC MAC AODHA, The Gallery Press (*Foreign News*, 2017), *The Irish Times* and An Sagart (*Gabháil Syrinx*, 2010);
MÁIRTÍN COILFÉIR, *The Stinging Fly*.